キャリア教育に活きる！

仕事ファイル

センパイに聞く

⑨ 学校の仕事

中学校教諭
特別支援学校教諭
保育士
司書教諭
スクールカウンセラー
文房具開発者

⑨ 学校の仕事

Contents

File No.43
中学校教諭 ……………… 04
深間内謙介さん／山手学院中学校・高等学校

File No.44
特別支援学校教諭 ……… 10
高木美郷さん／旭出学園　中学部

File No.45
保育士 …………………… 16
てぃ先生

File No.46
司書教諭 ………………… 22
唐澤智之さん／神奈川学園中学校・高等学校

キャリア教育に活きる！ **仕事ファイル**

File No.47
スクールカウンセラー ⋯⋯ ㉘
常山美和子さん／横浜市

File No.48
文房具開発者 ⋯⋯ ㉞
三浦隆博さん／ぺんてる

仕事のつながりがわかる
学校の仕事 関連マップ ⋯⋯ ㊵

これからのキャリア教育に必要な視点 9
教師にもワーク・ライフ・バランスを ⋯⋯ ㊷

さくいん ⋯⋯ ㊹

※この本に掲載している情報は、2018年4月現在のものです。

File No.43

中学校教諭
Junior High School Teacher

山手学院中学校・高等学校
深間内謙介さん
5年目 28歳

卒業後も生徒たちが
遊びにきたくなる
そんな場所にしたい

とても身近な職業である中学校の先生。どんな思いをもってこの仕事を選んだのでしょうか。横浜市の山手学院中学校で、2年4組の担任をしながら英語を教えている、深間内謙介さんにお話をうかがいました。

Q 中学校教諭とはどんな仕事ですか?

ぼくは英語教師です。中高一貫校に勤務しているので、中学1年生から高校3年生までの生徒に英語を教えています。毎日、翌日に行う授業の準備が欠かせません。授業後は、生徒たちからの質問を受けつけたり、試験問題の作成や採点をしたりします。

また、ぼくは中学2年生のクラスを受けもっています。朝礼や終礼、プリントの作成や配布、各行事に応じた指導、教室のそうじ、成績管理などが、担任としての仕事です。

ほかにも部活動の顧問として、放課後や休日に生徒の練習の指導もします。ぼくが担当しているのは、中学校の女子テニス部と高校の男子バレーボール部。大会があるときは引率するのも大切な役割です。

また、山手学院中学校は私立の学校なので、生徒の募集をすることも大切な仕事です。学校説明会などの生徒募集に関する仕事や、入試に関する仕事もまかされています。

このように教師の仕事は授業だけではありません。じつは勤務時間全体のうち、授業よりも、それ以外の仕事の占める割合の方が多いこともあるんです。

成績の管理やプリントの作成など、パソコンを使う仕事も多い。

Q どんなところがやりがいなのですか?

教師にとってのゴールは、全員を無事に卒業させることですが、そこにたどり着くまでの学校生活で、ひとりひとりの成長を実感できる瞬間が、何よりうれしいです。

例えば、受身の姿勢で授業を受けていた生徒が、自分から質問をしに来たときや、テニス部の練習で、部員の熱心な練習が実り、ボールを打つ音が変わってきたときなどです。生徒が自ら動きはじめたときに、その子の成長を感じることが多いですね。ぼく自身も、生徒がより学習内容を理解できるよう、授業の方法を考え、さまざまな工夫をしています。自分自身も成長できるように努力しているんです。生徒たちの反応からよい手ごたえを得られたときは「よし!」と心の中でガッツポーズをしていますよ。

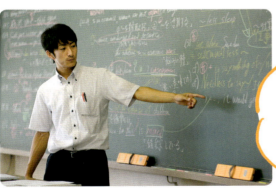

英語の授業をしているところ。チョークの色を使いわけ、見やすく板書する。

放課後、中学校の女子テニス部を指導しているようす。ほかにも高校の男子バレーボール部の顧問をしている。

深間内さんの1日

- 07:30 出勤。その日の授業の準備
- 08:20 教員朝礼
- 08:30 担任をしているクラスで朝読書
- 08:40 クラスで朝礼
- 08:50 午前の授業開始。空き時間には小テストの採点や提出物のチェック
- 12:30 昼休み
- 13:20 午後の授業開始
- 15:35 終礼、そうじ
- 16:00 職員会議、部活指導
- 19:00 翌日以降の授業の準備
- 20:30 退勤

Q 仕事をする上で、大事にしていることは何ですか？

生徒のしかり方には気をつけています。

心がけているのは、しかる目的や意図を明らかにし、本気になって気持ちを伝えることです。しかし、しかっているときにぼく自身の感情が高ぶりすぎてしまうと、生徒に伝えたかったことがきちんと伝わらないので、冷静さを保つことも大切です。

また、生徒をしかったあとは、クラスの雰囲気が悪くなるので、引きずらないことも大切です。「はい、じゃあ次に進めます！」と通常のモードで声をかけ、生徒の気持ちが切りかわるようにしています。

Q なぜこの仕事をめざしたのですか？

尊敬するふたりの先生との出会いがきっかけです。

ひとり目は、中学2年生のときの担任で、英語を教えてくれていた女性の先生、ふたり目は、高校2年生のときの担任で、社会科の男性の先生です。このふたりの共通点は、親身になってぼくのことを考えてくれたこと。いつも温かく支えてくれて、悩んだときは熱心に相談にのってくれました。先生たちのおかげで、ぼくは中学時代も高校時代も、学校が大好きでした。

高校で進路を真剣に考えたとき、「尊敬する先生たちのような教師になりたい」と決意し、教育学科のある大学に入学しました。大学3年生のときには1年間休学してアメリカのカリフォルニア州に語学留学し、国際的に認められている英語教授法（TEFL）の資格を取得。留学をして、英語に自信がついたことで、英語の教師になることを決めました。

深間内さんは、大学時代に小学校・中学校・高等学校の教員免許を取得した。「はば広い年代の子どもに授業ができるようにするためです」

Q 今までにどんな仕事をしましたか？

1年目は担任を受けもたず、高校1年生に英語を教えていました。そして、1年間教えた生徒たちが高校2年生に進級したとき、初めてクラスの担任を任され、そのまま高校3年生まで受けもちました。担任も、進路指導も、すべてが初めてだったので、当初はかなり緊張しましたね。先輩教師に相談したり、入試に関する勉強会に参加したりしながら、必死にこなしました。無事に卒業式をむかえることができたときはとても感動したことを覚えています。

その後は中学1年生の担任をし、現在はもちあがりで中学2年生の担任をしています。進路指導が中心だった高校生と比べると、中学生では生活面の指導が多いです。

先生たちと意見交換。教師みんなでチーム一丸となって、生徒たちをサポートする。

Q 仕事をする上で、むずかしいと感じる部分はどこですか？

生徒と信頼関係を築くのは、簡単なことではありません。こちらが教師だからとえらそうな態度や言葉づかいをすると、生徒たちはついてきてくれません。「先生も人間だから、失敗することもあれば、だめなところもあるよ」と、まずは自分から心を開き、さらけだすようにしています。

それでも、ぼくのやり方がクラスの全員から支持されることはありません。教師になって間もないころは、自分とそりの合わない生徒がいることに落ちこんでいました。そのことを先輩教師に相談すると、「いくら担任でも、クラスの全員に好かれるのはむずかしい。生徒にとっては、担任ではなくても、だれかひとり相性のよい先生がいれば、それでいい。学校全体で生徒を見守り、導いていくことが、彼らにとっていちばん幸せなことだよ」という答えが返ってきました。

その話を聞いてから、自分ひとりで何もかもかかえこむのでなく、教師みんなでチームとして生徒を導いていけばいいんだ、と気持ちを切りかえることができました。

Q ふだんの生活で気をつけていることはありますか？

教師というのは、休みを取りづらい職種です。例えば、風邪をひいて1日学校を休むと、自分が担当しているすべてのクラスの英語の授業が成りたたなくなってしまいます。代わりのきかない仕事だからこそ、できるかぎり休むことのないよう、体調管理には気をつかっています。

インフルエンザの予防接種は毎年欠かさず、手洗いとうがいを毎回の授業の前後に必ず行います。また、校内にあるジムで、仲間の教師と筋トレをすることもあります。

また、最近子どもが生まれたので、なるべく早めに家に帰ることを心がけています。そして、お風呂に入れたり、いっしょに遊んだりするんです。自分が親になったことで、保護者の思いにこれまで以上に共感できるようになりました。

「この学校を選んだ理由のひとつに、私立なので異動がなく、卒業生が訪ねてきたとき、いつでもむかえてあげられることがあります」

Q これからどんな仕事をしていきたいですか？

今担任をしている生徒たちを、そのまま高校3年生まで担当し、卒業を見届けるのが、まずはひとつの目標です。それが実現すると、教師になって初めて、6年間を通して同じ生徒たちを担当できたということになります。

生徒ひとりひとりの人間的な成長を見守り、それぞれが希望する進路に近づけるよう、サポートしていきたいです。そして、卒業後も「母校に遊びに行きたい」と思えるような幸せな学校生活を送ってもらいたです。そのためにも、彼らとじっくり関わっていきたいと思ってます。

・指導書と参考書・

PICKUP ITEM

留学経験もあり、本場の英語が身についている深間内さんだが、教科書はもちろん、指導書や参考書もチェックし、万全の準備をして授業に臨んでいる。プレイヤーとスピーカーは、授業で正しい英語の音声を流すために使用。生徒が単語を聞きとりやすいように、スピーカーの音質にもこだわっている。

・プレイヤーとスピーカー・

中学校教諭になるには……

教師になるためには教員免許が必要です。中学校教諭になるには「中学校教諭」という免許を取得します。教員養成課程のある大学や短期大学などで、指定の科目を修めると、国語、社会、数学、英語など、希望する教科の免許を取得できます。免許を取得したら、公立学校は各自治体の教育委員会が行う教員採用試験を、私立学校は、各学校の教員採用試験を受験します。

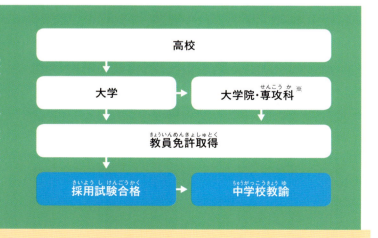

※ この本では、大学に短期大学もふくめています。

用語 ※ 大学院・専攻科 ⇒ 一部の大学に設置されていて、修了すると将来は、校長、教頭などの管理職に昇進しやすくなる。

Q 中学校教諭になるにはどんな力が必要ですか?

何より大切なのは、生徒たちと同じ目線で向きあい、一生懸命に彼らと関わっていこうとする力です。そんな思いが生徒たちに伝われば、彼らは必ずついてきてくれます。

英語教師としては、大学時代の留学経験が力になっています。英語に自信がついただけでなく、日本と海外の文化のちがいや現地での経験を、生徒に話すことができます。

この仕事には限界がありません。「こんな授業をしてみよう」「こんな道具を使ってみよう」と自分のアイデアを形にしようとすると、授業の準備や資料づくりなど、仕事は無限に増えていきます。そういう意味では、時間の使い方が上手なことも必要な力といえますね。

中学時代にテニス部に所属していた経験を活かして、部活の指導を行っている。

深間内さんの夢ルート

小学校 ▶ サラリーマン
銀行員の父のスーツ姿がかっこいいと思い、サラリーマンにあこがれた。

▼

中学校・高校 ▶ 学校の先生
職場体験で小学校を訪れ、先生の仕事に興味をもつ。尊敬する先生との出会いから、教師になるという夢が明確に。

▼

大学 ▶ 中学・高校の英語教師
大学在学中にアメリカに留学し、英語教授法の資格を取得。英語力に自信がつき、英語教師になることを決意する。

Q 中学生のとき、どんな子どもでしたか?

とにかく学校が大好きで、体育祭や合唱コンクールなどの学校行事には率先して取りくむタイプでした。中学3年生の体育祭では、副応援団長として応援練習に明けくれました。合唱コンクールでは実行委員として行事を盛りあげつつ、クラスの先頭に立って練習しました。自分のクラスが優勝したときは、みんなで泣いて喜びあいましたね。

学習面では、文系科目は得意でしたが、数学や理科は苦手でしたね。当時は英語がいちばんの得意科目で、大好きな担任の先生が英語科だったこともあり、毎日の授業を楽しみにしていました。

いっぽうで、家では毎日のように母に反抗し、ケンカしていました。今、ぼくは中学2年生の担任をしていますが、多感な時期の子どもたちが、どんなことを考え、悩んでいるのか、自分の中学時代をふりかえりながら向きあっています。

中学時代はテニス部に所属していた。

体育祭のようす。ムカデ競走では深間内さんが先頭になった。

Q 中学のときの職場体験は、どこに行きましたか?

2年生のとき、2〜3人で、近くの小学校に行きました。期間は1週間ぐらいだったと思います。体験先のリストの中には、ほかの職業もありましたが、ぼくはもともと学校が好きで、以前から小学校の先生に興味があったので、迷いはありませんでした。6年生のクラスの授業を見学したり、いっしょに給食を食べたりしたほか、先生のアシスタントとしてプリント配布やそうじの手伝いなどの仕事をしました。

体育の時間には走りはばとびの計測を手伝ったのですが、ぼくがみんなの前でお手本を見せることになりました。弟や妹のような小学生たちにかっこいいところを見せたくて、がんばってとんだのを覚えています。

Q 職場体験では、どんな印象をもちましたか？

職場体験が終わったあとも、担当した6年生たちの卒業の日が近づくにつれて自分の中で「彼らの卒業式に出席して、おめでとうと伝えたい！」という思いが強くなり、中学校の担任の先生に相談しました。でも、卒業式は平日なので、授業を欠席するわけにはいかないという理由から、残念ながら出席はできませんでした。しかし、自分のおこづかいで電報を打ち、お祝いの気持ちを伝えることができました。

また、先生のアシスタントとして仕事をしたことで、先生を見る目が少し変わりました。それまでは授業をすることだけが先生の仕事だと思っていましたが、生徒たちの見えないところで、さまざまな仕事をしていることを知りました。

Q この仕事をめざすなら、今、何をすればいいですか？

学校生活を全力で楽しんでください。学校や先生、友人が好きで、学校生活の楽しみ方を知っている人なら、自分が教師になったとき、生徒たちに学校の魅力をたっぷりと伝えることができるからです。

また、勉強もしっかりしておきましょう。ぼく自身は中学時代に好きな教科の勉強にかたよりがちだったのですが、教師として仕事をしていると、自分の専門以外の科目でも、「先生、この問題教えて」と質問されることがよくあります。そんなときは「うーん……。思い出せないから、ほかの先生に聞いてみて」と伝えていますが、もっとバランスよく勉強していたら、教えられたのに……と思うこともあります。

中学時代に夢中になった『ONE PIECE』。「仲間とのきずなや友情が熱く描かれていて、道徳の教科書にしてもよいと思うくらいです」

学校生活を全力で楽しんでほしい。教師になったとき学校の魅力を伝えることができるから

－ 今できること －

ふだんの暮らし

教師の仕事は、生徒に教科の知識を伝えることだけではありません。生活の面でも、生徒の手本となる存在でいなければなりません。学校生活では、勉強に力を入れるのはもちろんのこと、早寝早起き、忘れ物をしないなど、正しい生活態度を身につけておきましょう。

また、学校生活の楽しさを生徒に伝えるためには、自分自身もそれを知っておく必要があります。学校行事などにも積極的に参加しましょう。今、充実した毎日を過ごすことが、将来につながります。

 国語 授業のときや保護者と話をするときなど、教師には、ものごとをわかりやすく伝える力が求められます。語彙力を養って、要点を的確に伝える力をつけましょう。

 数学 成績管理を行うときなど、教師の仕事には数字をあつかう場面もたくさんあります。苦手意識をもたず、基礎的な力をつけておきましょう。

 体育 代わりのきかない教師の仕事をこなすためには、健康な体づくりが欠かせません。

 英語 近年、小学校では、英語教育が重視されるようになってきています。小学校教師になりたい場合は、とくに、しっかりと学んでおきましょう。

File No.44

特別支援学校教諭
Special School Teacher

旭出学園 中学部
高木美郷さん
7年目 28歳

障がいのある人と
そうでない人たちとが
もっと交流する場を
つくっていきたい

からだや心に障がいのある子どものための学校を、特別支援学校といいます。ふだんの生活や授業のようすは、普通学校とどのようにちがうのでしょうか。旭出学園中学部で特別支援学校教諭として働く、高木美郷さんにお話をうかがいました。

Q 特別支援学校教諭とは、どんな仕事ですか？

特別支援学校教諭は、からだや心に障がいのある子どもが通う特別支援学校や、小中学校の特別支援学級で働く先生です。

特別支援学校の時間割は、ひとりひとりの障がいの程度や成長のスピードに対応できるよう、工夫されています。たとえば、「課題学習」という少人数で行う授業があります。そこでは、それぞれの生徒に合った学習計画を立て、社会に出るとき役立つ知識を身につけてもらえるように細やかに指導します。生徒の課題に合わせて、教材を手づくりすることもあります。

授業を行うときは、何事も根気よく伝えていくことが大切です。例えば、体育の時間には、「こういう順番でボールをけってください」などとルールを説明しますが、全員を集めて話をするだけだと、生徒の理解にむらが出てしまいます。そのため、全体への説明を終えたら、もう一度、今度はひとりひとりに説明をします。生徒のことをよく理解していないとうまく伝えられないので、日ごろからのコミュニケーションが大切です。

課題学習のようす（上）。ひとりずつちがう内容を学ぶので、ひらがなを学ぶ生徒もいれば、足し算を学ぶ生徒もいる。下の写真は高木さんが手づくりした学習教材。

Q どんなところがやりがいなのですか？

旭出学園には高等部もあるので、自分が中学部で指導していた生徒を高等部で見かける機会もあります。生徒の姿を見て、「あ、こんなに成長したんだ」と発見することがあるのですが、そんなときは「立派になったね！」と、思わず声をかけたくなります。

自分が指導しているときは、生徒がものごとを吸収するスピードがとてもゆっくりに感じられるので、ひさしぶりに会ってびっくりすることがよくあるんです。

今担当している生徒たちが高等部に進学し、どんなふうに成長していくのか、今からとても楽しみです。

授業では、まず「やりたい人！」と声をかける。生徒が、自分から「やりたい」と思う気持ちを尊重するためだ。

高木さんの1日

- 08:10 出勤
- 08:30 生徒が登校するので、受けいれる
  自分で歩いて来る子もいれば、スクールバスで来る子もいる
- 09:00 生徒といっしょに朝のランニング
  終わったら午前の授業スタート
- 12:00 生徒といっしょにお弁当
  あまった時間は生徒と過ごす
- 13:00 午後の授業
- 15:30 生徒が帰宅
- 16:00 翌日の準備、会議
  生徒ごとに1年間の大まかな目標と1学期の短期目標があり、必要があれば話しあって修正
- 17:45 退勤

Q 仕事をする上で、大事にしていることは何ですか？

生徒のことをよく理解して、よいところを見つけることです。どの子も個性が強いので、授業がスムーズに進まず、イライラしてしまうこともあります。しかし、それぞれのよいところを知っていると、「イライラしている場合じゃない。この子の長所をのばすのが、わたしの役割だ」と、気持ちを切りかえることができます。さらに、週に1回は先生どうしで生徒のようすを伝えあって、生徒たちのことをより深く理解するようにしています。わたしの目が届かなかったところを、ほかの先生がフォローしてくれるので、とても助かっています。

また、保護者に生徒の学校でのようすを伝えたり、逆に家庭でのようすを聞いたりして、コミュニケーションをとるようにしています。保護者とも協力して、生徒が学校でのびのびと過ごせるように心がけているんです。

「今日はこんなことができましたよ」などと、1日のできごとを、連絡帳に書いて保護者に伝える。保護者とは、年に一度面談も行っている。

Q なぜこの仕事をめざしたのですか？

中学生のとき、大好きな養護教諭の先生がいました。その先生へのあこがれから、もともとは養護教諭になりたかったのですが、時間がたつにつれ、目標がだんだんと変わっていきました。

目標が変わる最初のきっかけは、大学生のときの実習でした。目が不自由な子どもが通う特別支援学校に行ったのですが、生徒たちの素直でかわいいようすを見て、「特別支援学校で養護教諭がしたい」と思うようになりました。それで大学を卒業後、今の職場で産休中の養護教諭の代理として働きはじめたんです。保健室で、急病やけがへの対応をしながら、小学部や中学部で授業の手伝いもしていました。

2年たって、産休でお休みしていた先生が復帰するとき、「養護教諭の立場ではなく、もっとじっくり生徒を指導したい」と思ったので、中学部の教員としてここで働くことにしました。

同僚の先生と打ち合わせ。生徒のことを聞くだけでなく、必要な教材や指導方針なども相談する。

Q 仕事をする上で、むずかしいと感じる部分はどこですか？

生徒にこちらの意図をわかってもらえず、ぶつかってしまったときや、指導が思うようにいかないときには、思いなやんでしまうことがあります。

しかし「なぜうまくいかなかったのかな」と理由を考えることが、その生徒を理解することにつながる場合が多いので、つらいと感じたことはありません。

それよりもつらいと感じるのは、生徒たちのために、なかなか時間がとれないときです。「授業のためにこんな準備がしたい」「もっと自分の知識を増やしておきたい」と、やりたいことがたくさんあっても、時間が足りないとき、もどかしい気持ちになります。

Q 今までにどんな仕事をしましたか？

先ほどお話したように、最初の2年は養護教諭として働いていました。

養護教諭としての仕事を終えてからは、中学部の教員として仕事をしてきました。はじめて担当したのは2年生です。生徒たちのことをより細やかに見守ることができるようになって、うれしかったです。

そのあと、産休や育休でお休みをした期間をはさんで、今はまた中学部で働いています。生徒たちには、だれに対しても「ありがとう」や「ごめんなさい」の気持ちを伝えられるようになってほしいです。たとえ言葉でうまく言えなくても、表情や態度で示してほしい。そんな思いで日々指導にあたっています。

PICKUP ITEM
- デジタルカメラ
- 扇子
- はさみ、ノート、ペン

授業で使うものを、まとめて入れているポーチ。生徒のようすを記録するために、デジタルカメラを持ちあるいている。ほかには教材をつくったり、連絡帳を書いたりするときに使う文房具、お気に入りの扇子が入っている。

Q ふだんの生活で気をつけていることはありますか？

先生は、人に教える仕事です。なので、いつ生徒や保護者に見られてもはずかしくない行動を意識しています。

とはいっても、何か特別なことをしているわけではありません。「信号無視をしない」「あいさつをする」といった基本的なことを、きちんと守るようにしています。

それから、笑顔でいることも大切にしています。いつもにこにこしていて、ここぞというときには真剣な顔で伝えると、相手の心に届きやすいのではないかと思うからです。

生徒に何かを説明するときは、少しでもイメージをつかんでもらえるよう、大きな身ぶり手ぶりで話す。

Q これからどんな仕事をしていきたいですか？

障がいのある人とそうでない人が、ふれあえる場や機会を、もっと増やす必要があると思っています。

電車やまちの中で、障がいのある人がいると、まわりの人が距離を取っているなと感じることがあります。こわいという気持ちや、偏見があるのだと思います。しかし、実際にふれあって、障がいのある人のことを理解する機会があれば、人びとの意識も変わると思うのです。

旭出学園の生徒たちは、近くの小学校の子どもたちと定期的に交流する場をもっていますが、何度かふれあううちに、子どもたちの間にあった壁がなくなり、仲良くなっていくのがよくわかります。

生徒の成長が何よりの楽しみという高木さん。

特別支援学校教諭になるには……

特別支援学校教諭になるには、大学で教職課程※を修了し、幼稚園から高校のいずれかの教員免許を取得します。また、特別支援学校教諭免許状も必要です。大学で授業を受け、資格を取るのが一般的ですが、教員になったあとに講習などを受けて、取得することもできます。その後、教員採用試験を受験し、合格すれば、特別支援学校の教員として働くことができます。

高校
↓
大学
↓
教員免許、特別支援学校教諭免許状取得
↓
採用試験合格 → 特別支援学校教諭

用語 ※教職課程⇒教育学部などの教員養成課程の学部以外に設置される教員免許を取るための教育課程。

Q 特別支援学校教諭になるにはどんな力が必要ですか？

人と向きあう仕事なので、「そもそも人と関わることが好き」という人は、向いていると思います。

また、いろいろな人と仲良くなるだけではなく、人と信頼関係を築く力も大切だと思います。これは、生徒や保護者と関わる上で欠かせないことです。わたしは、仕事以外の場でも、陰口を言ったりせず、言いたいことがあれば、相手にきちんと伝えるといったことを意識しています。

学校にいるときは、とにかく一日中動き回るので、体力も必要です。わたしは中学、高校、大学を通して、ずっとスポーツをしていたので、それがプラスになっていると思います。

高木さんは、中学生のときはバスケ部で活躍していた。写真は、当時使用していたユニフォーム。

高木さんの夢ルート

小学校 ▶ 花屋さん・看護師

はじめは花屋さんにあこがれていた。しかし、祖母の入院を機に、看護師になりたいと思うようになった。

▼

中学校・高校 ▶ 養護教諭

所属していたバスケ部の顧問の先生が養護教諭だった。先生の姿を見ているうち、養護教諭をめざすようになった。

▼

大学 ▶ 特別支援学校の養護教諭

養護教諭をめざして勉強。実習で盲学校に行ったことがきっかけで、特別支援学校の養護教諭になることが目標になった。

Q 中学生のとき、どんな子どもでしたか？

得意な科目は体育と音楽で、すわって授業を受けることはとにかく苦手でした。からだを動かすのが大好きで、友だちがたくさんいる、にぎやかな子だったと思います。学習発表会の合唱や運動会など、みんなでひとつになって何かをつくりあげていくことに夢中になっていましたね。

とくに印象に残っているのが、中学3年生のときに取りくんだ、運動会の「30人31脚」というクラス対抗競技です。私はもともとリーダー気質ではないのですが、スポーツが得意という理由から、自然と仕切り役をまかされました。本番よりも、よく覚えているのは練習のこと。みんなで泣いたり笑ったりしながら努力を積みかさねた思い出は、一生の宝物になっています。

バスケ部の仲間たちと。「養護教諭だったバスケ部の先生には、たくさん悩みを聞いてもらいました」左から2番目が高木さん。

Q 中学のときの職場体験は、どこに行きましたか？

中学2年生のときに2日間、作業服の販売をしている「萬年屋」というお店に行きました。体験先には、いくつかの選択肢がありました。作業服は、当時のわたしにとって、身近なものではなかったのですが、あまりなじみのない仕事のことを知りたいと思って、選びました。

とても緊張しながら「いらっしゃいませ」とお客さんにあいさつしたり、値札シールをつける作業をしたりしたのを覚えています。

Q 職場体験では、どんな印象をもちましたか？

お店のあちこちに置かれた大量の商品のことを、店員さんたちがすべて把握していることにまずおどろきました。また、お客さんには常連の人が多かったのですが、店員さんたちはその顔を見ただけで、「今日はこれをお求めですか？」と必要としているものがすぐわかることに、衝撃を受けました。働いてお金を得るということは、どうやったら相手に喜んでもらえるかを考え、行動することなんだと気がつきました。

お店では、Tシャツに文字をプリントするサービスも行っていたので、わたしたちも文字入れを体験しました。体験が終了したときには、「萬年屋」のジャンパーといっしょに、そのTシャツをもらって帰ることができました。萬年屋特製の修了証もいただき、とてもうれしかったです。

Q この仕事をめざすなら、今、何をすればいいですか？

まわりにいる友だちや家族、ひとりひとりに目を向けて、個性を受けいれ、その人のよいところを見つける習慣をつけておくといいですね。

特別支援学校にいる生徒たちには、できないことがたくさんあります。それをできるようにすることも大切です。しかし、生徒のよいところにしっかり目を向けて、ほめてあげると、みんなとても喜ぶし、自信もついていくんです。

苦手な人や合わない人、いろいろなタイプの人といっしょに生活するのも、中学生の今だからこそです。いつも決まったメンバーだけで話をするのではなく、はば広い人と仲良くして、その人のことを好きになってみてください。

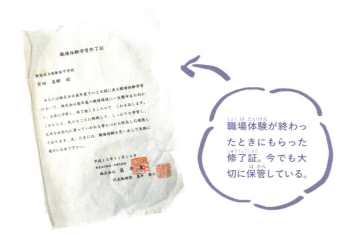

職場体験が終わったときにもらった修了証。今でも大切に保管している。

生徒ひとりひとりをより深く理解してよいところをのばしてあげたい

－ 今できること －

ふだんの暮らし
障がい者施設が開催しているイベントやバザーに行ったり、ボランティアとして参加したりして、障がいのある人たちとふれあう体験をしてください。少しでも、障がいのある人たちのことを知れば、偏見はなくなり、気軽に接することができるようになります。

また、まちの中には、点字ブロックやスロープなど、障がいのある人のための設備やマークがたくさんあります。社会の中で、どのようにして、彼らをサポートしているか、興味をもって見てください。

国語
生徒だけでなく、保護者や同じ学校の先生など、多くの人とコミュニケーションをとる必要があります。表現力や理解力を高めましょう。

社会
特別支援学校では、生徒に、社会で役立つ力がつくよう指導します。そのためには、社会のことをよく知っておかなくてはいけません。基礎知識を身につけましょう。

体育
着替えやトイレの手助けを必要とする生徒もいるので、体力が必要です。運動をしてからだをきたえましょう。

美術
生徒が使いやすい教材をつくるには、手先の器用さが必要です。また、学校によっては創作の授業もあります。苦手意識をもたずに課題に取りくみましょう。

File No.45

保育士
Nursery Teacher

てぃ先生
10年目 31歳

ぼくたち保育士次第で
未来がよりよい
世の中になるんです

保育士は、0歳から小学校入学前までの子どもの世話をする仕事です。てぃ先生は仕事のかたわら、本やTwitter※で、子どもたちのようすを発信し、注目されています。てぃ先生に、仕事のことやこれからの目標についてお話をうかがいました。

Q 保育士とは、どんな仕事ですか？

保育園には、0歳から小学校入学前までの子どもたちが通います。保育士の仕事は、保護者が仕事や病気などで子どもを保育できない間、保育園で子どもを預かってようすを見守り、世話をすることです。

子どもたちは、保育園での集団生活の中で、人間関係を築く力を身につけていきます。また、規則正しく食事をとり、お昼寝をすることで、生活習慣が育まれます。子どもたちの成長をサポートするため、ぼくたち保育士は、年間の保育目標を立てます。例えば「手先をうまく使えるようにしよう」という年間目標を立てた場合、4月はちぎり絵、5月、6月はステップアップして折り紙に挑戦、というふうに、保育計画を立てていくんです。

子どもは、何事も経験して学びます。「子どもが転ぶ前に、原因になるものを取りのぞいておく」という考え方もありますが、それでは、転んだときのからだの守り方を知ることができません。ぼくは、先回りして心配のたねを取りのぞいてしまうことはしないように心がけています。

また、ぼくは2012年から、保育園での子どもたちのようすをTwitterに投稿しはじめました。これが大きな話題になり、近ごろは本の執筆、講演などの活動も行っています。

Q どんなところがやりがいなのですか？

保育園で育った子どもたちが、いつかはおとなになり、社会をつくるようになるんだと思うと、とてもやりがいを感じます。今、活躍している政治家やスポーツ選手も、保育士の力を借りて成長してきた人も多いはずです。ということは、ぼくたち保育士のがんばり次第で、未来はよりよい世の中になるかもしれない。そういう意味で、保育士の仕事はとても重要で、専門性の高い仕事だと考えています。

Q 仕事をする上で、大事にしていることは何ですか？

どんなにいそがしくても、1日のうちに5分は、子どもひとりひとりと1対1で過ごす時間をとるようにしています。

ぼくが担任しているクラスには20人ほどの園児がいますが、「せんせい、あそぼ」とストレートに言う子もいれば、「なかまにいれてあげてもいいよ」と遠回しに言う子もいます。1対1で向きあう時間があれば、体調や表情の変化に気づき、心に寄りそえます。「みんなの先生」ではなく、「ひとりひとりの先生」になることを、ぼくはとても大切にしているんです。

「子どもたちのきげんが悪い日でも、子どもが1日を楽しく過ごせるようにサポートするのが、保育士の仕事です」とてぃ先生。

てぃ先生の1日

- 08:00 出勤。登園してきた子どもを受けいれ、体調をチェック
- 10:00 朝の会、外遊びまたは室内遊び
- 11:30 子どもたちといっしょに食事
- 12:30 子どもをお昼寝用の服に着替えさせ、絵本の読み聞かせ
- 13:00 子どもたちはお昼寝。その間に書類を書き、休憩をとる
- 14:30 子どもたちを起こす
- 15:00 おやつ
- 15:30 外遊び、または室内あそび。その後子どもたちはそれぞれの時間に降園
- 17:00 退勤

用語 ※ Twitter ⇒ 140字以内の短い文章や動画、画像を投稿するインターネット上の情報サービス。

Q なぜこの仕事をめざしたのですか？

小学生のころから、近所の子どもや友だちの弟や妹など、小さい子と遊んだり、世話をしたりすることが好きでした。高校3年生で進路を考えたとき、スーツを着てサラリーマンになっている自分の姿がどうしても想像できなかったんです。そこで、好きなことを極められる仕事がしたいと思うようになりました。

そんなある日、通学中の電車で、目の前に幼い女の子がすわっていました。すると、その子がぼくを見て、ニコッと笑いかけてくれたんです。「あぁ、子どもってやっぱりかわいい！」と思いました。その瞬間、ぼくの進路への迷いがサーッとなくなり「保育士になろう！」と決意したんです。

しかし、このことを担任の先生に話すと、「男性保育士の認知度は、社会ではまだ低い。サラリーマンに比べて給料も高いとはいえない。考えなおしたほうがいい」と言われました。そのとき、「たしかに先生の言ったことは、これからの保育士の課題にちがいない。でも、それを自分の力で、少しでも変えていくことができたら……」と感じました。

こうしてぼくの保育士への思いはますます熱くなり、決意をかためて、高校卒業後、保育士養成課程のある専門学校に進学しました。

Q 今までにどんな仕事をしましたか？

保育士になってから今まで、0歳児〜5歳児まですべてのクラスを担当してきました。

保育士には、子どもたちと接する以外にも、保護者の方と話をしたり、行事の準備をしたり、書類を書いたり……と、外からは見えない仕事がいろいろあります。

よく「男性保育士は大変でしょう？」と言われますが、じつは、つらいと感じたことは一度もありません。担任をしていた園児の母親に「子育て経験のある女の先生に相談したい」と言われたこともありますが、それが悔しいとか、自分を否定されたとかいうふうには考えませんでした。

保護者が不安に思うことを、解決してあげるのが園の役目だし、女性の保育士が得意なことと、男性保育士が得意なことはちがっていて当たり前です。家の中でパパとママの役目がちがうのと同じだと思っています。

Q 仕事をする上で、むずかしいと感じる部分はどこですか？

保育士も保護者も、みんな子育てや教育について自分なりの考え方やこだわりをもっています。だからときどき、意見がかみあわないことがあります。

例えば食事について、「ごはんを残さず食べることが大切」という意見の人がいれば、「残しても問題ない」という考えの人もいます。子育てに正解はないので、どちらの意見もまちがってはいません。大切なのは、子どもたちにとっていちばんよい方法を選ぶことです。そのため、ぼくが働く園では、立場や年齢は関係なく、保育士どうしで考えのちがいを受けいれ、じっくり話しあうように心がけています。保護者にも、意見を押しつけるようなことはしません。

ほかの人の意見を知ることで、自分の知識や考え方のはばも、広がると思うんです。

登園や降園のときは、保護者とコミュニケーションを取る。何気ない会話を交わすこともあれば、相談にのることも。

子どもが園でどう過ごしていたか、保護者への連絡帳に書く。子どものようすを思いかえして、少しでも気になったことがあれば伝えるようにしている。

Q ふだんの生活で気をつけていることはありますか？

子どもはよくおとなを観察していて、よいことでも悪いことでもすぐにまねをします。だから、ふだんの何気ない言葉づかいや行動には気をつけています。

また、保育園ではよく感染症が流行するので、体調の管理や体力づくりも大切な仕事です。そのために、ストレスをためず、時間にゆとりをもつことを心がけています。例えば、毎朝「今日は何を着よう？」と悩むのは、時間がもったいないし、ちょっとしたストレスですよね。ぼくはそれをなくすために、同じ服を5着用意して、コーディネートを考えずにすむようにしているんです。

まんがの原作を担当したり、園での子どもたちのようすをまとめた本を執筆したりと、保育の楽しさを発信する仕事にも力を入れている。

エプロンと帽子

ホイッスル

PICKUP ITEM

園児と接するときは基本的にエプロンを身につける。園庭で遊んだり子どもたちとお散歩に行ったりするときには帽子をかぶり、防犯と安全のためのホイッスルも携帯している。

※ ふだん、野外ではエプロンを外しています。

Q これからどんな仕事をしていきたいですか？

ぼくがTwitterに投稿を始めたのは、2012年です。当時、世の中には、待機児童問題や虐待など、保育の世界に起きた悪いことばかりが報道されていました。子どもたちと毎日接しているぼくは、「たしかに大変だけど、子どもたちとの毎日は充実感や幸福感にあふれている。そんなすばらしい部分を伝える人がいてもよい」と考えました。そこで、園や保護者の了解を得て、自ら発信することにしたのです。

このTwitterが、おどろくほど話題になり、最初はとまどいました。でも、世間が注目してくれるなら、それを使って、保育士として伝えたいこと、変えていきたいことを発信しようと、気持ちを切りかえました。

今ぼくは、保育士の世界を変えたいと思っています。知識や技術の高い保育士がいれば、「この人に子どもを預けたい」と思いますよね。能力の高い保育士が増えることが、保育園の賃金や環境の改善につながるはずです。いつかは、自分で保育園をつくり、高い専門性をもった保育士を集めたいと思っています。

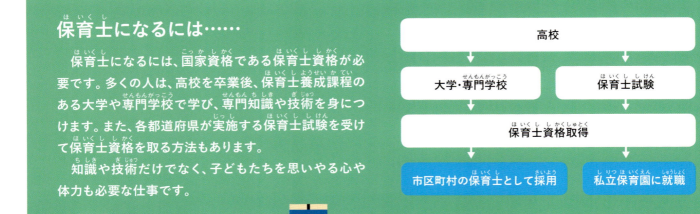

保育士になるには……

保育士になるには、国家資格である保育士資格が必要です。多くの人は、高校を卒業後、保育士養成課程のある大学や専門学校で学び、専門知識や技術を身につけます。また、各都道府県が実施する保育士試験を受けて保育士資格を取る方法もあります。

知識や技術だけでなく、子どもたちを思いやる心や体力も必要な仕事です。

高校 → 大学・専門学校 → 保育士資格取得 → 市区町村の保育士として採用

高校 → 保育士試験 → 保育士資格取得 → 私立保育園に就職

Q 保育士になるにはどんな力が必要ですか?

子どもたちひとりひとりを大切に思う心と責任感、人の気持ちをくみとろうとする力があれば、ほかに特別な力はいりません。保育士はピアノも弾けて、体力も十分でなくてはいけないという考え方もあるかもしれませんが、ぼくは、いろいろな個性をもった保育士と接したほうが、子どもたちの社会性が豊かに育つと思っているんです。

おとなになると、考え方がちがう人や自分と得意分野がちがう人と出会います。ときには、おたがいに力を合わせなくてはいけません。だから、幼いうちから、個性豊かな保育士たちが協力する姿を見ることは、子どもの将来にとってよいことだと思うんです。体力に自信がなくてもピアノが得意な人、ピアノが苦手でも英語が得意な人など、いろいろな保育士がいてよいと思います。

てぃ先生は、昔からスポーツが得意。外遊びでは、子どもたちと全力で遊ぶ。

てぃ先生の夢ルート

小学校 ▶ サッカー選手
休みの日に、父親と公園でサッカーをして遊ぶのが楽しく、選手になりたいと思った。
▼
中学校 ▶ 人の役に立つ仕事
なりたい職業はとくになかったが、人の役に立ち、感謝される仕事がしたいという思いはあった。
▼
高校・専門学校 ▶ 保育士
高校に来た保育士養成学校の先生の話や、電車の中で子どもがほほ笑みかけてくれたできごとから、保育士をめざすように。

Q 中学生のとき、どんな子どもでしたか?

人生でいちばん楽しかったのは中学時代だと言えるほど、よい友だちにめぐまれていました。女子にもわりとモテていたと思います。勉強はふつうでしたが、スポーツならなんでも得意。とにかくからだを動かすことが大好きでした。体育祭やスポーツ大会で活躍し、みんなに胴上げをされたり、ほめられたりしたのはうれしかったですね。部活は野球部で、セカンドを守っていました。ケガをした同級生の代わりに、自分がピッチャーをつとめた時期もありました。

中学生のときに積みかさねた経験や、そこで得た自信が、今の自分の基礎をつくり、支えになっていると思います。みなさんも、中学時代を大事にしてくださいね。

受験のとき、野球のスポーツ推薦で声をかけてくれた高校もありました。でも、高校では野球を続けなかったんです。なぜなら、坊主頭にしなければいけなかったから。「野球の上達と坊主頭は関係ないじゃないか」と思って、野球への情熱は冷めていきました。

中学校の野球部で使っていたグローブ。大事に使っていたもので、今でも大切にとってある。

Q 中学のときの職場体験は、どこに行きましたか?

2年生のとき、近所のスーパーに行きました。子どもが好きだったので、第1希望は幼稚園にしていたのですが、希望がかなわず、第2希望だったスーパーへ行く班にふりわけられました。たしか、5～6人の班で行ったと思います。

「スーパーだから、何か食べ物がもらえるかも」と、遊びに行くような気持ちで体験に行ったことを覚えています。

ぼくたちの仕事内容は、「いらっしゃいませ」「ありがとうございました」とお客さんにあいさつすることや、商品を陳列棚に並べることでした。体験が終わると、期待通り、何か食べ物をいただいて大喜びした記憶があります。

Q 職場体験では、どんな印象をもちましたか？

自分たちは当たり前のようにお菓子やジュースを買っていたけれど、このお菓子やジュースがどうやってこの店に運ばれ、いつ、だれの手で棚にならんでいるのか、それまで考えたこともありませんでした。お菓子が自動的に、勝手にそこにならんでいるような感覚だったと思います。

だから、店員さんたちがひとつひとつていねいに品出しして棚にならべたり、つねに商品の賞味期限を確認したりしている姿を見て、本当におどろきました。

「おとなはふだん、こんなふうに働いているんだ」と、ちょっと社会をのぞき見した気分になり、自分までおとなになった気持ちがしましたね。そして自然に、共働きをしている両親へ感謝の気持ちが生まれました。

Q この仕事をめざすなら、今、何をすればいいですか？

ふだんから、まわりの人の気持ちについて考えたり、表情や言動を観察したりするといいですね。

保育士は、子どもの成長と保護者をサポートするのが仕事です。「この子は今、どんな気持ちなんだろう？　何をしてほしいのかな？」と、心の奥に秘めた気持ちを読みとってあげられることが大切です。

また、中学生のうちから、1か月にひとつ手遊びを覚えていけば、相当な数を覚えられると思いますし、絵本の読み聞かせを練習するのもおすすめです。

男性保育士の存在は、これから大きくなると思います。男子のみなさんにも、ぜひめざしてもらいたいですね。

中学時代のてぃ先生。体育祭で選手宣誓をしたり、野球部で活躍したりと、充実した中学生活を過ごした。

子育てに正解はない　大切なのは、子どもにとっていちばんいい方法を選ぶこと

－ 今できること －

ふだんの暮らし

保育士は、子どもとふれあい、見守る仕事です。兄弟や親戚、近所の子どもなどとふれあう機会があれば、率先してめんどうを見るようにしましょう。

また、保育をするなかでは、子どもたちに注意をしなくてはいけない場面も出てきます。そんなとき、なぜ、その行動をしてはいけないのかを、子どもに伝わる表現で説明する必要があります。ふだんから、当たり前と思っていることも、深くほりさげて、それがなぜなのか、考えてみるくせをつけるとよいでしょう。

国語 園だよりや、さまざまな書類をつくったり、連絡帳を書いたりと、基礎的な作文の力が必要です。

音楽 子どもたちと歌を歌ったり、ときには伴奏をしたりと、音楽が得意だと園での活躍の場が増えます。

美術 お絵描き、折り紙、壁の飾りつけや工作など、美術で学ぶ内容を活かせる場面がたくさんあります。

体育 子どもたちとふれあう仕事は体力勝負です。運動を通じて、体力と健康なからだづくりをしましょう。

家庭科 保育の単元で学習する内容は、保育士の仕事内容の基礎になります。しっかり身につけておきましょう。

File No.46

司書教諭
Teacher Librarian

神奈川学園中学校・高等学校
唐澤智之さん
8年目 30歳

大切にしているのは本を通じて人とふれあうこと

司書教諭は「図書館の先生」として、学校の図書館で生徒と本との出会いをつくる仕事をしています。利用しやすい学校図書館をつくるために、どんなことをしているのでしょうか。神奈川学園で働く、司書教諭の唐澤智之さんにうかがいました。

Q 司書教諭とは、どんな仕事ですか？

司書教諭は、まちの図書館で働く司書※とちがい、学校の図書館で働く仕事です。カウンターで貸し出しや返却を行うほか、生徒に読書への関心を高めてもらうため、特集コーナーをつくって本を紹介したり、おすすめの本は表紙が見えるようにならべたりと、さまざまな取り組みを行っています。

また、生徒に読書のよいところや図書館での情報の探し方を知ってもらうために、授業をすることもあります。生徒だけでなく、先生にも図書館の活用方法を知ってもらうことが大切なので、調べ学習で図書館を利用してもらえる機会がないか、各教科の先生とやりとりをして提案しています。

「もっと図書館を活用してほしい」という一心で、生徒や先生に、さまざまな提案をしているんです。

手づくりの特集コーナー。男ふたり組みが主人公の物語を集めている。生徒に興味をもってもらえるよう、きれいにかざりつけもする。

授業風景。ドラマ化された本を例にあげるなど、生徒が読書への興味をもちやすいように工夫している。

図書委員の生徒が手づくりした本のPOP。イラストを描いたり、色紙できれいにかざったりと工夫がいっぱい。

Q どんなところがやりがいなのですか？

生徒たちから「借りた本がおもしろかった」と喜んでもらえたり、「知りたかったことがわかった」と言ってもらえたときに、いちばんやりがいを感じます。生徒たちの笑顔が、ぼくの原動力になっています。また、図書委員の生徒と協力して、著名人による講演会の運営や、POP（本を紹介するカード）づくりなどを行っていますが、そうした活動を通して、生徒の成長が見えるのはうれしいですね。

講演会にやって来た作家や翻訳家の特集コーナー。「毎年、図書委員の生徒が手紙を書いて講演の依頼をしているんですよ」

唐澤さんの1日

08:15	出勤
08:25	職員室で職員朝会
08:30	本棚へ本をもどす
09:00	授業で使う資料の作成・準備
11:45	先生たちと打ち合わせ
12:10	昼食
12:35	カウンターで本の貸し出し・返却
13:20	図書委員会の資料の印刷
14:10	教室で新聞記事検索についての授業
15:20	本棚へ本をもどす
15:40	当番クラスの生徒と図書館のそうじ
16:00	カウンターで本の貸し出し・返却
16:30	本の展示の作成
17:50	図書館を閉館
18:30	退勤

用語　※司書 ⇒ 図書館の本を集め、整理したり、貸し出しの管理をしたりするなど図書館の事務作業を行う。

Q 仕事をする上で、大事にしていることは何ですか?

図書館が、生徒たちに身近で、使いやすい存在になるように、工夫することです。

例えば、ここは女子校なので、表紙がかわいい本や、恋愛ものをたくさん置くようにしています。先ほど紹介したPOPづくりも、手にとってもらうための工夫のひとつです。見どころをわかりやすく書いたPOPがあるだけで、ずいぶん雰囲気が変わります。本を読む習慣がない生徒にも、足を運んでもらえるよう、努力を積みかさねています。

カウンターでは、生徒と気さくに会話をする。「女生徒と接するので、身だしなみも、清潔にするよう心がけています」

Q なぜこの仕事をめざしたのですか?

小学生のときは本が大好きで、近所の図書館に通いつめるほどでした。両親が先生だったので、将来の夢は学校の先生でしたが、「好きな本に囲まれて、図書館で働くのも楽しそうだな」と思っていました。

高校で進路を決めるとき、図書館で働く司書の資格が取れる大学を選び、「図書館・情報学」が専攻できる学部に進学しました。夏休みに3週間、実習生として公共図書館で働かせてもらったのですが、カウンターで利用者に本を紹介したり、調べ物の相談にのったりすることもありました。あとでふりかえると、本にふれたことより、人と接したことに充実感を感じていたんです。それで、「自分は本を通して人とふれあうことに興味があるんだ」と気づきました。

また、大学4年生のとき、教員免許を取得するため中学校へ教育実習に行きました。そこで生徒と接してみて、教育の仕事の楽しさを知りました。これがきっかけで、司書教諭になり、生徒たちと関わりながら、自分の理想とする学校図書館づくりをしてみたいと考えるようになったんです。

Q 仕事をする上で、むずかしいと感じる部分はどこですか?

みんなに安心して図書館に来てもらえるよう、いつも笑顔でいようと心がけていますが、なかなかうまくいかない日もあります。そんなときは、ものすごく反省しますね……。それから、どの学校でも、司書教諭の人数は多くなく、仕事の悩みを相談したり、いっしょに解決したりする人が少ないというのも、この仕事のむずかしいところだと思います。わが校の図書館も、司書教諭はぼくひとり。いっしょに働くもうひとりの司書と役割を分担しているので、責任は重大です。

また、人数が少ないと、マイペースに仕事を進められますが、その分、ちょっとした作業も、すべて自分でこなさなくてはならない大変さもあります。

Q 今までにどんな仕事をしましたか?

2014年で、わが校は学校創立100周年になりました。それに合わせて、図書館を建てかえることになっていたので、いちから学校図書館づくりをしたことが思い出に残っています。本棚のレイアウトを考えたり、机やイスを選んだり、ほかにも閲覧スペースや個別学習席を設けたりと、先生や生徒から要望を聞きながらつくりあげました。予算を学校と相談しつつ、使いやすい図書館にすることができました。

また、ほかの私立女子校の司書教諭たちと協力し、ぼくが編集長となって『女子校プロジェクト　女子コレ』という冊子を発行しました。女の子におすすめの本を紹介したり、図書館の仕事について伝えたりする内容です。休みの日を使って作業をするので、大変な面もありますが、ぼく自身、楽しみながら取材や執筆をしました。

『女子校プロジェクト 女子コレ』を発行。司書教諭どうしで勉強会をすることも。

新しい本を、月に100冊程度入れる。「生徒や先生からのリクエストを参考にすることも多いですが、中身を速読したり、目次を見たりして選ぶことも多いです」

Q これからどんな仕事をしていきたいですか？

　この図書館を、生徒たちが卒業するとき、「図書館のおかげで学校生活が楽しかった」と言ってもらえるような場所にしていきたいです。今の子どもはスマートフォンにふれる時間が増えていて、読書に割く時間は少なくなってきているように感じます。授業での資料探しも本とふれあう機会になると思うので、各教科の先生たちと連携して、図書館を活用してもらいたいです。

　そのためには、自分の学校だけではなく、図書館そのものの価値を高めることも必要だと思っています。他校の司書教諭や近隣の図書館とも情報を共有し、地域全体で魅力的な図書館づくりを進めていきたいですね。図書館が充実していない学校や、司書教諭がいない学校の生徒にも、本の魅力を発信していきたいと思っています。

・ハンドクリーム・

PICKUP ITEM

毎日、本にふれていると、手がかさかさに。保湿のため、ハンドクリームを愛用している。

Q ふだんの生活で気をつけていることはありますか？

　かばんの中には、今読んでいる本と次に読みたい本、必ず2冊入っています。そして、時間のあるときは書店に行きます。大きな書店だけでなく、駅の構内にある小さな書店でも、見かけたら入ります。「この本は、うちの学校の生徒たちに人気が出そう」とか、「文化祭で展示する作品の参考になりそう」とか、思いがけない本との出会いがあるんです。

図書館の本は、多くの人が利用するので傷みやすい。そのため、1冊ずつ、透明なフィルムをカバーにはる。

司書教諭になるには……

　司書教諭になるには、「教育免許」と「司書教諭資格」が必要です。教職課程のある大学や短大で「教育実習」と「学校図書館司書教諭講習」を受け、資格を取得します。その後、教員採用試験を受けて、教師として採用されなくてはなりません。ただし、教師に採用されたからといって司書教諭になれるわけではなく、学校からの募集に応募して、採用されることが必要です。

```
高校
 ↓
大学
 ↓
教員免許、司書教諭資格取得
 ↓
採用試験合格
 ↓
司書教諭
```

Q 司書教諭になるにはどんな力が必要ですか？

司書教諭はあくまで「先生」です。本が好きなことはもちろんですが、それと同じくらい「人」が好きなことが大切です。

実際に司書教諭の仕事をすると、生徒や先生、ほかの図書館や他校の司書、出版社の人など、さまざまな人と交流し、関わっていく必要性を感じます。だからこそ、どんな人に対しても苦手意識をもたず、話しあったり、協力しあったりするコミュニケーション力が求められると思います。

司書と協力しながら図書館を運営する。どんなことが図書館に求められているか、会話の中で気づくことも多い。

唐澤さんの夢ルート

小学校・中学校 ▶ 先生・絵を描く仕事
両親の影響で、教師になりたいとばくぜんと思っていた。マンガが好きで、絵を描く仕事にもずっと興味があった。

▼

高校 ▶ 先生・図書館の仕事
司書の資格が取れる「図書館・情報学」を専攻できる学部に進学を決める。

▼

大学 ▶ 先生・図書館の仕事
図書館での実習や教育実習を通して、「本だけではなく、人と関わる仕事がしたい」と思うようになった。

Q 中学生のとき、どんな子どもでしたか？

マンガを読んだり、絵を描いたりするのが好きでした。勉強は国語がいちばん得意で、美術も好きでしたね。バドミントン部に所属したのですが、理由は相手にからだごとぶつかっていく競技が苦手だったからです。どちらかというと文化系の子どもだったんでしょうね。

小学生のときは、毎日のように図書館で本を借りていましたが、中学・高校時代にはほとんど図書館を利用していませんでした。ぼくが通っていた学校には司書教諭がいなかったこともあり、これだと思う本になかなか出合えなかったんです。いつしか図書館は、本を借りる場所ではなく、自習をする場所になっていました。

そんななか、図書館で森絵都さんの『カラフル』の表紙が目に留まりました。ページを開くと、すぐに物語の世界にひきこまれ、夢中で読んだのをおぼえています。

あのころ、学校図書館が魅力的な場所だったら、きっとぼくは、今よりもっと本が好きになっていたと思います。過去は変えられませんが、自分が出合いたかった「夢の図書館」を、これからつくることはできます。そんな思いをもって、今、司書教諭として仕事をしています。

中学に入学したばかりのころの唐澤さん。マンガは読むだけでなく、書くのも好きだった。

愛読書の『カラフル』（右）と、中学で所属していたバドミントン部のラケットとユニフォーム（下）。

Q 中学のときの職場体験は、どこに行きましたか？

中学3年生のとき、同じクラスの班のメンバー5人で、家の近くの特別養護老人ホームに行きました。給食を食べたあとの5、6時間目だったと思います。

本当はケーキ屋さんのように楽しそうな職場を希望していたのですが、くじの結果、老人ホームになりました。事前に班のメンバーと質問をいろいろ考えて、ドキドキしながら職員の方にインタビューしたのを覚えています。また、施設を回って、職員の方が仕事をしているようすを見学したり、入居者の方とお話したりしました。

Q 職場体験では、どんな印象をもちましたか？

ひとり言で、ブツブツ不満を言っている人がいたり、「わたしは帰りたいの！ここから出して！」とぼくたちに泣きついてくる人がいたり、何も知らない中学生にとっては、衝撃的な体験でした。想像以上に大変そうだと思いましたね。

職員の方が、「入居者のようすを見て、きっとショックを受けたでしょう。確かに大変なことも多いけれど、わたしはこの仕事にやりがいを感じているの。介護の仕事は、どんな人にも必要とされる可能性があるんですよ」と話してくださったことが、心に残っています。「やりがい」があればどんなこともりこえられるんだ、と思った記憶があります。

Q この仕事をめざすなら、今、何をすればいいですか？

まずは、本をたくさん読んでください。1冊1冊がみなさんの財産になっていきます。

今はまだ紙の図書が主流ですが、今後は学校の図書館でも、電子書籍が中心になるかもしれません。そうした時代の変化に対応できる柔軟性も必要だと思います。人と話したり、インターネットで調べたりして、いろいろな考え方にふれるとよいですね。

時代や地域によって、図書館の形も変わっていきます。ぜひ、いろいろな図書館に足を運んでみてください。新しい世代のみなさんには、そこで多くのものを吸収し、また新たな形の図書館をつくりあげてほしいと思っています。

「借りた本がおもしろかった」生徒たちの笑顔がぼくの原動力です

－ 今できること －

ふだんの暮らし

司書教諭の仕事には、本のおもしろさを人に伝える役割があります。好きなジャンルだけにかたよらず、いろいろな本を読むとよいでしょう。そのとき、「どこがおもしろかったか」「どうして人にすすめたいと思ったのか」を考えてみましょう。読むだけでなく、コミュニケーションにつなげていく意識が大切です。

また、図書館は本を置いているだけではありません。展示や、DVDなど映像の資料もたくさんあるので、興味のはばを広げてみてください。

 国語 教科書では、さまざまなジャンルの文学作品を読むことができますが、なかには一部が抜粋されているものもあります。続きが気になった作品があれば、図書館で借りて、全文を読んでみましょう。

 社会 図書館には、新聞や雑誌のほか、社会問題について詳しく書かれた新書も置かれています。政治、経済、地理などで、深く知りたいことがあるときは、図書館を活用しましょう。

 美術 本を魅力的に展示するためには、利用者にとって見やすく、美しく配置する必要があります。そんなとき、美術で学ぶ美的感覚が役立ちます。

File No.47

スクールカウンセラー
School Counselor

横浜市
常山美和子さん
7年目 31歳

悩みをかかえた生徒の心に寄りそい、いっしょに「これから」を考えていきたい

「先生や親には話したくないけれど、だれかに話を聞いてもらいたい」。そんなとき、話を聞いて、いっしょに解決策を探してくれる存在がスクールカウンセラーです。神奈川県横浜市の中学校で、スクールカウンセラーとして働く常山美和子さんにお話を聞きました。

Q スクールカウンセラーとはどんな仕事ですか？

スクールカウンセラーは、子どもや保護者の悩みや相談を聞いて、気持ちの整理を手伝い、いっしょに解決策を考える仕事です。

スクールカウンセラーを学校に置く制度は、1995年に、いじめ問題を解消するため、導入されました。それ以来、各自治体がカウンセラーを採用して、小学校から高校まで、スクールカウンセラーが配置されるようになったのです。

わたしは横浜市教育委員会に所属して、市内の中学校や区役所などのカウンセリングルームで面談を行っています。

面談の相手はおもに子ども、保護者、先生ですが、子どもと保護者、同時の場合もあります。

生徒から直接「話を聞いてもらえますか？」と声をかけられることもあれば、先生から「不登校の子がひさしぶりに学校に来るので、専門家の目でようすを見てほしい」と頼まれることもあったり、保護者から「子どもが人間関係に悩んでいて、学習に身が入らない」という話を聞いたりもします。

相談内容は、人によってまったくちがいます。友だちとの関係、親子関係、恋愛、受験、いじめ……同じ悩みなんてありません。それぞれの言葉に注意深く耳をかたむけます。

相談を受けるだけでなく、子どもたちの表情や仕草にふだんと変わったところはないか、授業中に各クラスをまわって、ようすを観察することも、わたしの大切な仕事のひとつです。

Q どんなところがやりがいなのですか？

相談に来た人の力になれた、と実感したときです。

わたしと面談をしたからといって、すぐに元気になれたり、その場で悩みが消えたりするわけではありません。しかし、長い期間をかけてサポートすることで、相手の気持ちが少しでも楽になったり、状況がよい方向に変わったりしたときは、大きな喜びを感じますね。

以前のわたしは、自分が結婚や子育てといった経験をしていないのに、子どもとの関わりについて保護者と話をすることに少し申し訳なさを感じていました。でも、ある保護者の方から「先生と話すと癒されます」と言われたことで、これからも自分のできることをしていこうと意識を新たにすることができました。

面談の予約が入っていない時間には、学校内をめぐって生徒の授業中のようすを観察する。

ふだんは職員室やカウンセリングルームで仕事をしている。面談も、この部屋で行う。

常山さんの1日

- **08:45** 出勤。先生たちと打ち合わせ、スケジュールの確認など
- **10:00** 面談
- **12:00** 校内を見てまわる。心配のある生徒の授業中のようすは注意深く観察する
- **13:00** ランチ。カウンセリングルームでいっしょにお弁当を食べながら、生徒の相談にのることもある
- **16:00** 教育委員会などとの連絡
- **17:15** 退勤。その後カウンセラーの勉強会や情報交換会に参加することも多い

Q 仕事をする上で、大事にしていることは何ですか？

カウンセリングでは、思春期の生徒たちの気持ちに寄りそった対応を心がけています。

例えば、不登校の生徒との面談では、学校の外で会うようにし、「学校においで」とは言いません。わたしに相談しに来るということは、学校に行きたいという気持ちはあるのです。それを受けとめ、「好きなアニメのこと、もっと教えて。先生も次に会うときまでに観てくるね」などと、生徒が興味ある話題を投げかけ、次につながるように話をしています。

また、この仕事で危険なのは、「相手のために何かをしてあげよう」と考えてしまうこと。カウンセラーは、人生を代わってあげられるわけでも、絶対に正しい答えをもっているわけでもありません。わたしは、「これからのことをいっしょに考えよう」と言います。最後は本人が自分で動くしかないんです。それを、できるだけサポートすることがわたしの役目だと思っています。

人間関係から恋愛、成績や進路まで、生徒たちの悩みはさまざま。信頼関係を築くため、まずはじっくりと話を聞く。

Q なぜこの仕事をめざしたのですか？

今の仕事につきたいと思ったのは、中学生のときです。わたしの母校は私立の女子校で、教育熱心な家庭の子が多い学校でした。そのぶん、親からのプレッシャーや友人関係に悩み、不登校になってしまう子もいました。

仲がよかった友だちが不登校になったとき、「彼女の心を楽にしてあげたい。そのために自分にできることは？」と真剣に考えました。そして、その子と毎日連絡を取ったり、学校のできごとを話したり、思いつくかぎりのことをしました。

「何かに悩んだとき、信頼できて、話をしっかり聞いてくれる人がいたらどんなに心強いだろう。自分がおとなになったら、だれかを心理面で支えられる人になりたい」と、そのとき感じた思いが、この仕事をめざすきっかけになりました。

Q 今までにどんな仕事をしましたか？

大学時代に発達心理学※を学んでいたとき、児童相談所で経験を積みました。

児童相談所には、虐待を受けた子や複雑な家庭環境の子など、さまざまな子どもがいます。子どもやその家族に生じている問題を、面接や検査で明らかにし、心のケアをする仕事を担当しました。大学院時代や卒業後は、児童精神科や精神科クリニックでの心理相談、自治体の教育相談など、さまざまな現場でカウンセリングの経験を積みました。

Q 仕事をする上で、むずかしいと感じる部分はどこですか？

仕事を始めたばかりのころは、カウンセラーとしての経験が足りないことや、若くて人生経験がないところを、どのようにカバーしていくかが課題です。

この仕事は、多くの人との面談を重ね、さまざまなケースを担当することで、対応力や判断力が養われていきます。そこでわたしは、ベテラン臨床心理士の先生にお願いし、月に1度、実際に自分が指導した内容について意見をうかがうことにしています。先生の助言から多くの気づきを得て、日々のカウンセリングに活かしているんです。

また、保護者の相談者の中には、子どもが心配で、すぐに解決できる方法を求める人もいます。面談をしても、すぐ目に見える効果が現れるわけではないのですが、「お子さんのペースに合わせて、これからを考えましょう」と話しても、納得してもらえないときもあります。ここでわたしがあわてたり、あせったりすると、子どもの心に寄りそえなくなってしまいます。保護者の方の気持ちも受けとめつつ、時間をかけて信頼関係を築いていくようにしています。

生徒との面談だけでなく、保護者や担任教師との面談も実施。チームプレーで生徒をサポートしていく。

用語 ※ 発達心理学 ⇒ 心理学の分野のひとつ。人が死にいたるまで、どのように発達をとげるかを身体面、精神面、知能面などから研究する。

Q ふだんの生活で気をつけていることはありますか?

　スクールカウンセラーは、たくさんの人の悩みを受けとめる仕事です。ですから、休日にその気持ちを引きずらないよう、じょうずに気分転換をすることが必要です。

　仕事以外では、リラックスをして、自由な生活を送るように心がけています。好きなことをし、好きなものを買い、気の合う友だちと会い、気ままに過ごすことが、いきいきと仕事をするためのエネルギーになります。また、睡眠がとても大切なので、たっぷり眠ることも心がけています。

・お絵描きセットと折り紙・

PICKUP ITEM

相談に来た生徒の気持ちを落ちつかせるために、折り紙などで手を動かしてもらうこともある。より多くの人に、気軽に相談室へ訪れてもらうために、「カウンセラーだより」も発行している。

・カウンセラーだより・

Q これからどんな仕事をしていきたいですか?

　今は、スクールカウンセラーとして仕事をしていますが、これから人としてもカウンセラーとしても経験を積んでいき、いずれは大学生や大人の相談にものれるようになりたいと思っています。

　また、いつかは自分でカウンセリングルームを開業したいという気持ちもあります。国や地方自治体が行っているカウンセリングは、時間や日程が限られていることが多いのです。そのため、希望してもすぐに受けられるとは限りません。予約が数か月待ちになってしまうことも。すぐに対応してもらえる場所があれば、もっと多くの人がカウンセリングを利用できるのではないかと思います。

「困ったことや悩みがあるときは、ひとりでかかえこまず、だれか相談できる相手を見つけましょう。そして、スクールカウンセラーも、その選択肢のひとつに加えてみてくださいね」と常山さん。

スクールカウンセラーになるには……

　スクールカウンセラーの採用基準や必要な資格は、自治体や学校によってちがいます。

　しかし、高度な専門知識と技術、経験が求められます。多くの場合、公認心理師や臨床心理士などの資格とカウンセリングの実務経験が採用条件になります。心理学について学べる大学・大学院へ進むなどして、公認心理師や臨床心理士の資格を取得しましょう。

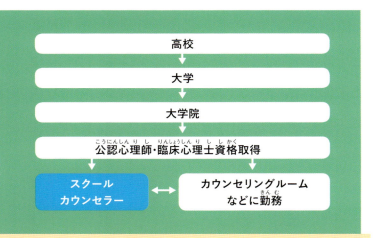

高校 → 大学 → 大学院 → 公認心理師・臨床心理士資格取得 → スクールカウンセラー ↔ カウンセリングルームなどに勤務

Q スクールカウンセラーになるにはどんな力が必要ですか？

ものごとを客観的に、冷静にとらえる力や、人の意見に耳をかたむける力が大切だと思います。相談相手の心に寄りそうことは大切ですが、悩みを聞いて、いっしょに落ちこんだり、感情的になったりしてしまっては、身がもちません。

じつはわたしは、中学時代、大勢で盛りあがるのが苦手で、少し引いた目線でようすを見ているタイプでした。でも、この性格がカウンセラーには適していたと思います。

また、わたしの場合、早くからこの仕事をめざしたこともよかったですね。中学時代から人の心理に興味をもったことで、世の中にさまざまな人がいること、そして人によって感情の動き方がちがうことを理解できました。このような多様性を受けいれる力も、この仕事には必要だと思います。

中学時代の常山さん（左）。当時から、友だちの悩みの相談相手になることが多かった。

Q 中学生のとき、どんな子どもでしたか？

部活は「器楽部」という、弦楽器を中心としたオーケストラに所属していました。幼いころからバイオリンを習っていたので、部活でも弾いていたんです。老人ホームなどに演奏に行ったのを覚えています。

印象に残っているイベントは、球技大会です。わたしは背が高い方だったので、とくにバスケットが得意でした。球技大会でもわりと活躍したのですが、みんなが泣いたり熱くなったりしているときにも、わたしはあまり感情を表に出さず冷静でした。よい見方をすれば、人の意見に左右されず、自分の意見をもっている子だったのかもしれません。でも、先生やまわりの友だちからは多分、「変わっている人」「冷めている人」だと思われていたと思います。

その反面、嵐の大ファンで、友だちといっしょに原宿に出かけてグッズを買ったり、ライブに行ったりしていました。夢中になると、とことん追いかけて、行けるところまで行く。そんな行動力も発揮していましたね。

中学時代の常山さん（左）。器楽部の活動に力を入れていた。

常山さんの夢ルート

小学校 ▶ 歌手やアイドル
歌手の安室奈美恵さんにあこがれて、芸能界に興味をもっていた。

▼

中学校・高校 ▶ 心理に関わる仕事
中学時代に親友が不登校になったことから、心を支える仕事をしようと考え、発達心理学が学べる大学を受験する。

▼

大学・大学院 ▶ 心理の専門家 → スクールカウンセラー
児童相談所や児童精神科、幼稚園などで実習をしながら、臨床心理士の資格を取得。

中学生のころから愛用しているバイオリンと楽譜は、今でも常山さんの宝物。

Q 中学のときの職場体験は、どこに行きましたか？

職場体験はありませんでしたが、わたしの学校では、小学校から高校まで、奉仕活動がさかんでした。

印象的だったのは、小学校のときにボランティアで定期的に訪れていた児童養護施設※と、中学校、高校と部活でよく演奏をしに訪問していた地域の老人ホームです。子どもたちといっしょに遊んだり、洗濯物をたたんだり、心をこめて演奏をしたり……。もともと人の役に立つことが好きなので、積極的に参加していました。

Q 児童養護施設では、どんな印象をもちましたか？

職員の方たちは、交代しながら24時間体制で仕事をしていました。いつもいそがしく子どもたちの生活の世話をしたり、遊んだり、学校に通わせたり……。そのようすを間近で見て、とても大変な仕事だと思いました。

また、「世の中には、いろいろなものを背負っている子どもがいる。自分には想像もできないような環境で生きている子たちが存在する」という事実を知ることができました。本当に貴重な体験でしたね。

日々、さまざまな悩みをかかえる人と接する今の仕事に就いてからも、このときの体験はとても役立っています。

Q この仕事をめざすなら、今、何をすればいいですか？

人の心に寄りそう仕事なので、性格的な向き不向きがあると思います。自分が客観的にものごとをとらえられるタイプなのか、人の感情や悩みに巻きこまれてしまうタイプなのか、見きわめることをおすすめします。悩みを打ちあけられたとき、いっしょに感情的になってしまうタイプの人は、残念ながらこの仕事には向いていません。大学院時代にも、「やっぱりつらい」と心理の仕事につくことを断念した人を見たことがありました。

また、世の中には自分とちがう背景や考え方をもつ人がいると知りましょう。そのためには、多くの人に出会い、視野を広げておくことが、きっとプラスになると思います。

人生を代わってはあげられない でも生徒に寄りそうことはできる

— 今できること —

ふだんの暮らし

スクールカウンセラーは、生徒はもちろん、保護者や先生など、さまざまな人と接する仕事です。人への思いやりとコミュニケーション能力が不可欠です。友だちから悩みを打ちあけられたときなどは、誠実に対応して秘密を必ず守りましょう。また、相談相手が話しやすい雰囲気をつくることが大事です。いつも明るい笑顔を心がけることに加えて、自分の感情を冷静にコントロールすることも心がけましょう。その心がけは、部活や勉強にも活きてくるはずです。

 国語 相談相手の心情に寄りそうには、世の中に多様な考え方があると理解するのが大切です。読書を通して、さまざまな人の考えを受けとめる力をつけましょう。

 社会 心情の変化には、社会的なできごとが関わっている場合もあります。ニュースはこまめにチェックしましょう。

 美術 子どもの心を知るために、絵を使ったカウンセリングの方法があります。絵を見るときは、それぞれの色がもつイメージや構図の意味について考えてみましょう。

 保健 小中学生の悩みの中で大きな割合を占めるのは、恋愛や保護者への反抗など、思春期特有のものです。保健の授業で、その仕組みを学習しましょう。

用語 ※ 児童養護施設 ⇒さまざまな家庭の事情から、家族による養育が困難な子どもたちが暮らしている施設のこと。

File No.48

文房具開発者
Stationery Developer

ぺんてる
三浦隆博さん
入社6年目 29歳

クラス全員のペンケースに入っているような文房具をつくりたい

いつも使っている文房具が、どのようにつくられているか、知っていますか？ 文房具メーカーは、「もっと使いやすく」「もっと多くの人に手に取ってもらえるように」と、日々取りくんでいます。ぺんてるで開発を担当する三浦隆博さんにお話をうかがいました。

Q 文房具開発者とはどんな仕事ですか？

新しい商品をつくりだすことが開発者の仕事です。ぼくは、シャープペンシルの替芯をつくっています。

まずは企画を担当する社員と打ちあわせをして、どのような商品が世の中で求められているか話しあいます。例えば、「子どもたちの筆圧が下がっているので軽い力で濃く書ける替芯をつくろう」とか、「もっと折れにくい替芯をつくろう」とか、そういったことを話しあいます。

企画が固まったら、まずは、実験室で試作品をつくります。材料や、芯を焼くときの温度や湿度などを少しずつ変えながら、試作していきます。ひとつの試作品ができるまでに、長い時間がかかります。でも、1回でうまく行くことはほとんどありません。何度も試作をくりかえすことで、目標の品質に近づけていきます。いよいよ完成したら、大量に商品を生産して、全国の文房具店へと出荷します。

Q どんなところがやりがいなのですか？

文房具は、おとなも子どもも日常生活でふれる機会が多いものです。自分がつくった新商品が、たくさんの人の手元に届くことにやりがいを感じています。

また、新商品を出すと、お客さまからの感想が必ずぼくのところにも届きます。これも、文具がどんな人にとっても身近なものだからこそだと思っています。

「使いやすかった」「こんな商品がほしかった」など、お客さまからよい評価をいただけたときは、開発の苦労がどこかへ飛んでいくほど、うれしくなりますね。

打ち合わせのようす。芯をどのような方法で改良するか、具体的に議論する。

「黒鉛」という鉱物の粉。えんぴつやシャープペンシルの芯の材料になる。

黒鉛にプラスチックをまぜ、練りこむ。それを細くして焼いたあと、油をしみこませたら芯ができる。最後に油を加えるのは、書き心地をなめらかにするため。

三浦さんの1日

- 08:00　出社。朝礼。チームで会議
- 08:30　実験室で試作。試作は、1～2週間に渡る
- 12:15　ランチ
- 13:00　チームで会議
- 15:00　実験室で測定。試作品を評価する
- 18:00　自分の机で測定結果を分析したり、資料作成をしたりする
- 19:30　退社

Q 仕事をする上で、大事にしていることは何ですか？

試作をするときは、つねにお客さまの目線に立って、使い心地を検証するように心がけています。

ひとつの商品ができあがるまでに、100個以上の試作品をつくることもあります。試作をするたびに、データを検証して、よいところ、改善すべきところを見つけます。ひとつひとつの結果の中に、さまざまな要素がからみあっているので、じっくりと検証する必要があります。

そして、満足のいくサンプルができたら、まずは自分自身でいろいろな紙に試し書きをします。紙によって書き心地がちがうためです。また、社内の人にも使ってもらい、必ず感想を聞きます。そして改善できるところを見直してから、お客さまの手に商品が届くようにしています。

Q 今までにどんな仕事をしましたか？

入社以来、シャープペンシルの替芯の研究開発ひとすじで働いてきました。

最初は、超極細の「Ain替芯シュタイン0.2」のHBとBの開発にたずさわりました。もともと建築や機械の専門家が図面をつくるときに使われていた0.2㎜の芯を、一般のお客さま向けに商品化したものです。当時は入社1年目で未熟だったので、先輩について実験の手伝いなどをしました。

0.2㎜の芯を一般向けとして販売しているのは、ぺんてるだけです。おもなお客さまは中学生から大学生で、手帳やノートに文字を細かくきれいに書けると人気です。

1年後に同じ商品の2Bを開発することになり、見習いとしてでなく開発者の一員として、最初からたずさわりました。

Q なぜこの仕事をめざしたのですか？

高校生のとき、化学の授業で化学反応の実験をしたことがきっかけです。「毎日こういう実験をしながら、ものづくりができる仕事がしたいな」と思ったんです。先生に相談すると、「大学で専門的な研究をすると、研究者への道がひらけるよ」と教えてくれたので、大学は工学部の応用化学科というところに進学しました。

ぺんてるに入社したのは「これまでにない新しいものを生みだそう」という社風に魅力を感じたからです。入社してから現在まで、ずっとシャープペンシルの替芯の開発をしていますが、試作をするときは、高校時代の実験の時間と同じようにわくわくしてしまいます。

三浦さんが試作から完成までたずさわった「シュタイン芯0.2」の2B。細い線がきれいに書けて、学生に人気。

Q 仕事をする上で、むずかしいと感じる部分はどこですか？

試作品のデータではよい結果が出ているのに、実際に書いてみると変化がまったく感じられないときや、書く人によって感じ方に差が出てしまうときは、むずかしいなと思います。

また、東南アジアのような高温多湿の気候の場合、湿度が高い地域では紙がやわらかくなって、日本で書くときより字がうすくなることもあります。海外でも販売しているので、商品が使われる環境のことも考えなくてはならないのです。

でも、開発にかけられる時間には限りがあります。決まった時間の中で、納得のいく商品をつくりあげるのはむずかしいなあと、日々感じています。

パソコンに向かって、実験結果のデータを分析。うまくいかなかったときはその原因をしっかり分析して、つきとめる。

記録ノート

PICKUP ITEM

日々、何度も試作をくりかえすため、実験を記録するノートとペンは欠かせない。マスクは、試作で素材を混ぜあわせるとき、安全のため必ず着用する。

マスク

Q これからどんな仕事をしていきたいですか？

今担当しているシャープペンシルの芯だけでなく、今後ほかの文房具の開発にもたずさわってみたいです。

まだ具体的に「これ」というものはないのですが、例えば、小学生や中学生のクラス全員のペンケースに入れてもらえるような、そんな商品をつくってみたいですね。

将来、だれもが持っている人気の商品を「あれを開発したのはぼくです！」と胸を張って言える日が来るように、毎日がんばっています。

「WEBサイトの口コミのほか、文具店で聞こえてくるお客さまの会話も、開発のヒントになります」と三浦さん。

Q ふだんの生活で気をつけていることはありますか？

休みの日に出かけて、文具店を見かけると、店に入るようにしています。「他社から新商品が出ていないかな」「どんな商品が売れているのかな」と、どうしてもシャープペンシル売り場が気になってしまいますね。他社の製品を買って使い心地をたしかめたり、機能性を分析したりするのも日課です。

最近は雑誌で文房具が特集されていることも多いので、ぺんてるの商品や他社の商品がどんなふうに紹介されているのか、記事をチェックすることもあります。

また、手帳やノートなどに何か文字を書いている人を見かけると、「どんな筆記用具を使っているのかな？」と、つい手元が気になって見てしまいますね。

社員食堂で人気の濃厚煮干しラーメン。実験に夢中になり、おなかがぺこぺこのときは、とくにおいしく感じる。

文房具開発者になるには……

必要な資格はとくにありませんが、大学の理系の学部、とくに化学を学ぶと将来活きてくるでしょう。文房具メーカーは大卒を応募条件としていることがほとんどです。文具をあつかっている企業のことも、あわせて調べておくとよいでしょう。

また、入社してから別の部署に配属されることもあり、すぐに開発者になれるとは限りません。

- 高校
- ↓
- 大学・大学院
- ↓
- 文房具メーカーに就職
- ↓
- 文房具メーカーの開発者に採用

Q 文房具開発者になるにはどんな力が必要ですか？

新商品につながるアイデアを生む発想力と、思いついたことをかたちにする実行力です。また、商品開発はグループで協力して行うので、仲間を思いやることも大切です。ぼくは、4人のグループで開発をしていますが、自分の実験が行きづまったときは、いつもほかの3人に助けられています。

もうひとつ、必須なのが粘りづよさです。よい商品をつくるためには「これくらいでよい」と思わず、何度も何度も試作をして、納得がいくまでがんばる必要があるからです。

研究室で、温度や湿度などの条件を変えながら、粘りづよく試作を続ける三浦さん。

Q 中学生のとき、どんな子どもでしたか？

部活は、サッカー部に所属していました。小学3年生のときからサッカーをしていたので、迷わず入部しましたね。2002年に日韓ワールドカップが開催されたときは、地元の福島県から仙台の会場まで試合を観にいくほど、サッカーに夢中でした。

開発者として仕事をしていると理系だと思われるのですが、じつは中学時代の得意科目は国語でした。とくに読書をしたり文章を書いたりするのが好きでしたね。中学3年生のときは生徒会に所属して書記をしていました。

当時は、筆記用具に対するこだわりはまったくありませんでした。でも、たった一度だけ、文具売り場でかっこいいシャープペンシルが目にとまり、「お母さん、これ買って！」と頼んだことがあります。今思えば、それはぺんてるのシャープペンシルだったんです。ちょっと高かったのですが、「ちゃんと勉強するから」と母を説得して、買ってもらうことができました。

サッカー部での試合のようす。手前でボールをとろうとしているのが三浦さん。

三浦さんの夢ルート

小学校 ▶ サッカー選手
スポーツ少年団に所属。
夢中でボールを追いかけていた。

中学校 ▶ 建築家
父が建築家だったので興味をもち、
同じ仕事をしてみたいと思っていた。

高校 ▶ 化学者
化学が好きになり、理系の大学へ進んだ。

大学 ▶ 文房具メーカーの開発者
ものづくりに興味をもつようになった。
研究とものづくりが両方できる、
文房具の開発者をめざすことにした。

中学3年生のころ。部活と生徒会の仕事を最後までやりとげたことが自信になった。

Q 中学のときの職場体験は、どこに行きましたか？

職場体験とは少しちがうのですが、職場を1日見学する授業がありました。いくつかの企業や店の中から選ぶことができたのですが、その選択肢の中に、父の勤める建築会社がありました。どうせなら、身近に感じられる職場を見てみたいと思い、5〜6人のグループで見学しましたね。

当日は、まず会社のことや、仕事内容について説明を聞き、それからバスで建築現場に移動して、大工さんたちが実際に働いているところを見学しました。「どこかで父と会わないかな？」と、ずっとドキドキしていたのを覚えています。

Q 職場見学では、どんな印象をもちましたか？

職場見学に参加するまでは、自分が将来「社会に出て働く」ということを、うまくイメージできずにいました。でも、父の会社を見学して、さまざまな部署でさまざまな人が仕事をしていることを知りました。父がいた設計の部署を見学できず、それは少し心残りでしたが、大工さんたちのチームワークのよい仕事ぶりや、ほどよく張りつめた緊張感に接して、働くとはどういうことかが少しイメージできるようになったと思います。見学終了後は、ひとりひとり体験レポートをまとめ、会社にお礼の手紙を書きました。

Q この仕事をめざすなら、今、何をすればいいですか？

好奇心と探究心を大事にしてほしいと思います。ふだんは気にしていなくても、考えてみると理由がわからないことはたくさんあると思います。例えば、鉛筆で文字を書くことができるのはどうしてか、わかりますか？ また、えんぴつで書いた文字は、どうして消しゴムで消せるのでしょうか。どんなことにも興味をもって、その理由について考えてみましょう。発想力をみがくことにもつながると思います。

それと、何かを始めたら途中で投げださず、やりとげる経験もしてほしいです。小さなことでも、最後までやりとげる継続性を育てると、どんな仕事をする上でも役に立つと思います。

- 今できること -

ふだんの暮らし

文房具メーカーでの商品開発は、だれもが使う商品をつくる仕事です。勉強中やメモを取るときなどに、どんな文房具があったら便利か、考える習慣を身につけましょう。商品を考える発想力を養うことができます。

また、商品開発はひとりで行うのではなく、チームで行う仕事です。何人かで話しあえば、自分が思いつかなかったアイデアが浮かぶこともあります。クラスメイトや部活仲間とのチームワークを大切にしましょう。

 数学

商品開発には、売り上げの予測や、予算の管理など、さまざまなデータをあつかい、分析する力も必要です。数学の勉強を通じて、数字やグラフから情報を読みとる力をつけておきましょう。

 理科

文房具の開発では、材料の組み合わせや、商品が使用される環境を考えなくてはいけません。物質を組みあわせたときの化学反応や地域の気候についての基礎的な知識を身につけましょう。

 美術

美術の授業では、ふだんはあまり使わない画材を使うことがあります。用途別にさまざまな画材があることや、製品のデザイン的特徴を知るためにはよい機会です。

仕事のつながりがわかる
学校の仕事 関連マップ

中学校の場合

ここまで紹介した学校の仕事が、それぞれどう関連しているのか、中学校を中心とした例を見てみましょう。

中学校

校長
学校の教育目標を決めて、それに沿った指導が行われるよう教員を監督する。

↓ 指示　↓ 指示

教頭
校長の方針を教員に伝える。教員から、指導方法について相談を受けることもある。

↓ 指示　↑ 相談

中学校教諭 P.04
学校の教育目標に沿って授業を行い、生徒の指導にあたる。担任を受けもつクラスでは、生徒の生活を見守りながら、職場体験のサポートなどにあたる。

保育園

保育士 P.16
職場体験先として、中学校に協力することがある。体験中、中学生にどんな仕事をしてもらうか考えて、準備をする。体験当日は、生徒たちのようすを見守り、指導を行う。

→ 職場体験先として協力 → 教頭

特別支援学校

特別支援学校教諭 P.10
生徒の指導のかたわら、地域や学校の行事などで、特別支援学校の生徒と中学校や小学校の生徒とが交流できる場を設ける。その場合、中学校教諭と協力する。

← 地域や学校の行事で交流 → 中学校教諭

※このページの内容は一例です。学校によって、仕事の分担や、役職名は大きく異なります。

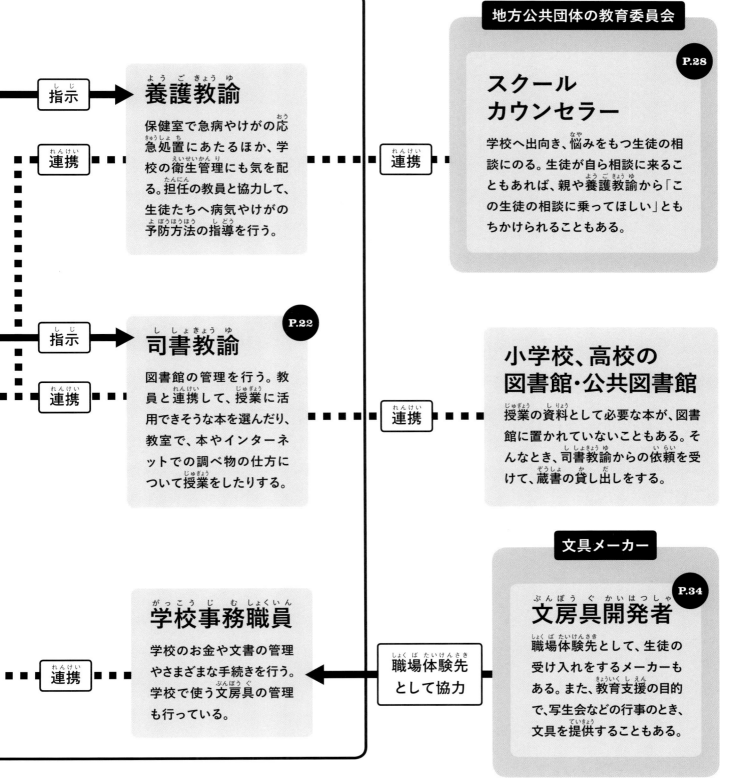

これからのキャリア教育に必要な視点 9

教師にもワーク・ライフ・バランスを

▶ 教師になって「よかった」と思うとき

わたしは中学校の教員時代に、バレーボール部の顧問をしていたことがあります。その部にいたやんちゃな男子生徒のことは、今でも覚えています。彼は勉強が大きらいでしたが、長身で運動神経がよく、バレーボールが大好きだったのです。「このチームを勝たせるには、彼を活かすしかない」と思い、「困ったら〇〇(その生徒の名字)に回せ」をチームの作戦としました。彼はみんなの期待に応えるためにがんばり、また、ほかのメンバーも彼にボールを一生懸命回したので、その作戦は大成功でした。わたしはバレーボールの競技経験のない顧問でしたが、チームは大会で勝ちすすんでいくことができました。

そんな彼は今、40代で会社の社長をしています。「困ったら〇〇に回せ」という言葉が、よほどうれしかったのでしょう。彼の名刺には、その言葉がキャッチフレーズとなって書かれています。今でもときどき連絡をくれるのですが、おとなになり、社会人としてがんばっている彼を見ると、教師になってよかったとつくづく思います。教師という仕事は、子どもを教える喜び、成長する喜びを味わうことのできる、とてもやりがいのある仕事なのです。

▶「学びつづける教師」をめざそう

今後、どんなに人工知能(AI)が発達しても、教師という仕事はなくならないのではないかと言われています。それは、人を育てられるのは人でしかないからです。

教師をめざす子どもたちに知っておいてほしいのは、教師が育てなくてはならないのは子どもの「学びつづける力」だということです。学びつづけていく力があれば、今後、時代がどんなふうに変わったとしても、対応していけます。

そして、「学びつづける人」を育てるには、教師自身も学びつづける必要があります。変化の激しい世の中では、新たな情報、発想、方法がどんどん生まれてきますから、教え

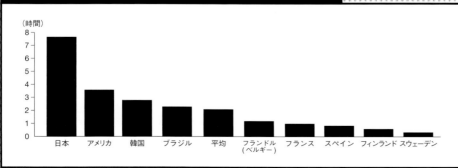

教員が学校の課外活動に費やす時間数(1週間あたり)

課外活動は、日本の場合、ほとんどが部活動だ。日本の教師が課外活動に費やす時間は平均の約4倍。ほかの国に比べて大はばに長いことが、ひと目で分かる。

出典:『OECD国際教員指導環境調査(TALIS)』
※日本では2013年2〜3月に実施

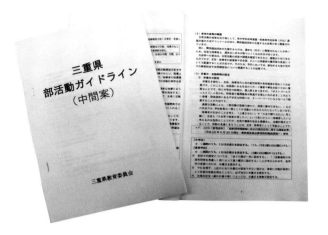

ここ数年、教師の働き方を見直す目的をかねて、部活動のあり方を再確認しようという動きが出てきている。独自に対策を練る地方公共団体も出てきている。左の写真は、三重県の教育委員会が取りまとめたガイドラインの中間案。休養日や活動時間の適切なあり方や、活動中の事故を防止するために必要なことなどが検討されている。

る側が学びつづけてそれらを活かしていかなければ、子どもたちの成長は止まってしまうでしょう。これからの社会で求められているのは「学びつづける教師」なのです。

▶ 世界一いそがしい日本の教師の未来は？

経済協力開発機構（OECD）が2013年に、世界の34か国と地域の中学校教員を対象に行った調査によると、勤務時間がもっとも長いのは日本の教員だそうです。

最近では、長時間労働に加え、1年中ほとんど休みがなく手当てが十分に支払われない部活動、保護者からのクレーム対応のむずかしさなど、教師の過重労働ぶりがマスコミで報道され、問題視されています。

それにも関わらず、なかなか状況が改善されないのは、たとえ仕事がハードでも、やりがいを感じているせいで、それを苦労だとは思っていない教師も多くいるからです。全国の教育委員会もさまざまな対策を考えてはいますが、まだ根本的な解決にはいたっていないのが現状です。

わたしは現在、大学で教師の卵を育てていますが、教師の仕事をめぐるさまざまな問題を、このまま放置してよいとは思っていません。このまま放置すれば、優秀な人材が教師をめざさなくなるでしょう。それはこの国の未来にとって大きな危機となります。

この本に出てくる保育士のてぃ先生は「ぼくは保育士の世界を変えたい。知識や技術の高い保育士を増やし、賃金や環境の改善につなげていきたい」と語っています。これからの時代は、教師も労働に見合った賃金をもらい、ワーク・ライフ・バランス、つまり、仕事と日常生活の適正なバランスを取って生活していくために、声を上げていく必要があるでしょう。

これから教師をめざす子どもたちには、教師の世界だけを見て過ごすのではなく、社会全体に目を向けてほしいと思います。そして、働き方に問題意識をもち、教師の世界を変えていってくれることを期待しています。

PROFILE
玉置 崇（たまおき たかし）

岐阜聖徳学園大学教育学部教授。愛知県小牧市の小学校を皮切りに、愛知教育大学附属名古屋中学校や小牧市立小牧中学校管理職、愛知県教育委員会海部教育事務所所長、小牧中学校校長などを経て、2015年4月から現職。数学の授業名人として知られる一方、ICT活用の分野でも手腕を発揮し、小牧市の情報環境を整備するとともに、教育システムの開発にも関わる。文部科学省「校務におけるICT活用促進事業」事業検討委員会座長をつとめる。

構成／林孝美

さくいん

あ
- いじめ問題 …………………………………………… 29
- 英語教授法（TEFL） ………………………………… 6、8
- 応用化学科 …………………………………………… 36

か
- カウンセリング ………………………………… 30、31、33
- 化学反応 …………………………………………… 36、39
- 課題学習 …………………………………………………11
- 学校図書館 …………………………… 22、24、25、26
- 学校図書館司書教諭講習 ……………………………… 25
- 虐待 ………………………………………………… 19、30
- 教育委員会 …………………………………… 7、29、41、43
- 教育実習 …………………………………… 12、14、24、25、26
- 教育相談 ……………………………………………… 30
- 教員採用試験 ………………………………………… 7、13、25
- 教員免許 ………………………………………… 6、7、13、24、25
- 教員養成課程 ………………………………………… 7、13
- 教職課程 ……………………………………………… 13、25
- 公共図書館 …………………………………………… 24、41
- 校長 …………………………………………………… 7、40
- 語学留学 ……………………………………………… 6
- 黒鉛 …………………………………………………… 35

さ
- 試作 ……………………………………… 35、36、37、38
- 司書 ……………………………………………… 23、24、26
- 司書教諭 ………………………… 22、23、24、25、26、27、41
- 児童精神科 …………………………………………… 30、32
- 児童相談所 …………………………………………… 30、32
- 児童養護施設 ………………………………………… 33
- シャープペンシル ……………………………… 35、36、37、38
- 障がい ……………………………………… 10、11、13、15
- 商品開発 ……………………………………………… 38、39

し
- 職場体験 …………… 8、9、14、15、20、21、27、33、39、40、41
- 調べ学習 ……………………………………………… 23
- 心理相談 ……………………………………………… 30
- 進路指導 ……………………………………………… 6
- スクールカウンセラー ………… 28、29、31、32、33、41
- 生活習慣 ……………………………………………… 17
- 精神科クリニック …………………………………… 30

た
- 大学院・専攻科 ……………………………………… 7
- 待機児童問題 ………………………………………… 19
- 男性保育士 …………………………………………… 18、21
- 中学校教諭 ……………………………………… 4、5、7、8、40
- 中高一貫校 …………………………………………… 5
- Twitter ………………………………………………… 16、17、19
- 電子書籍 ……………………………………………… 27
- 特別支援学校教諭 ……………………… 10、11、13、14、40
- 図書館・情報学 ……………………………………… 24、26

は
- 発達心理学 …………………………………………… 30、32
- 部活（部活動） …………… 5、8、20、32、33、38、39、42、43
- 文房具開発者 …………………………… 34、35、37、38、41
- 勉強会 ………………………………………………… 6、24、29
- 保育園 ………………………………………………… 17、19、40
- 保育計画 ……………………………………………… 17
- 保育士 ……………………… 16、17、18、19、20、21、40、43
- 保育士養成課程 ……………………………………… 18、19

ま
- 盲学校 ………………………………………………… 14

や
- 養護教諭 ……………………………………………… 12、14、41

ら
- 臨床心理士 …………………………………………… 30、31、32

【取材協力】
山手学院中学校・高等学校　https://www.yamate-gakuin.ac.jp/
旭出学園（特別支援学校）　http://www.asahide.ac.jp/
てぃ先生　https://twitter.com/_happyboy/
神奈川学園中学校・高等学校　https://www.kanagawa-kgs.ac.jp/
横浜市　https://www.city.yokohama.lg.jp/
ぺんてる株式会社　https://www.pentel.co.jp/

【写真協力】
山手学院中学校・高等学校　p5
神奈川学園中学校・高等学校　p23
ぺんてる株式会社　p37、p39
朝日新聞社　p43

【解説】
玉置崇（岐阜聖徳学園大学教育学部教授）　p42-43

【装丁・本文デザイン】
アートディレクション／尾原史和・大鹿純平
デザイン／水野 咲・石田弓恵

【撮影】
平井伸造

【執筆】
小川こころ　p4-39
林孝美　p42-43

【企画・編集】
西塔香絵・渡部のり子（小峰書店）
常松心平・中根会美（オフィス303）

【協力】
入江貴大　p17、p20
石川由愛　p17、p20
石川聡眞　p17、p18
安福志織　p17
石川美由　p18

キャリア教育に活きる！
仕事ファイル 9
学校の仕事

2018年 4 月 7 日　第 1 刷発行
2021年12月10日　第 3 刷発行

編　著　小峰書店編集部
発行者　小峰広一郎
発行所　株式会社小峰書店
　　　　〒162-0066 東京都新宿区市谷台町4-15
　　　　TEL 03-3357-3521　FAX 03-3357-1027
　　　　https://www.komineshoten.co.jp/
印　刷　株式会社精興社
製　本　株式会社松岳社

©Komineshoten
2018 Printed in Japan
NDC 366　44p　29×23cm
ISBN978-4-338-31802-0

乱丁・落丁本はお取り替えいたします。
本書の無断での複写（コピー）、上演、放送等の二次利用、翻案等は、著作権法上の例外を除き禁じられています。本書の電子データ化などの無断複製は著作権法上の例外を除き禁じられています。代行業者等の第三者による本書の電子的複製も認められておりません。